Doreen Virtue
& Radleigh Valentine

Antworten der Engel Orakel

Anleitungsbuch

Aus dem Amerikanischen übersetzt
von Angelika Hansen

Die Originalausgabe erschien 2014 unter dem Titel
ANGEL ANSWERS ORACLE CARDS
im Verlag Hay House, Inc., Carlsbad, CA, USA

7. Auflage 2022

Allegria ist ein Verlag der Ullstein Buchverlage GmbH
ISBN 978-3-7934-2291-4

Übersetzung: Angelika Hansen
Umschlaggestaltung: Nick C. Welch & FranklDesign, München
Titelabbildung: Marius Michael-George
Foto von Doreen: Torge Niemann, torge@torgeniemann.de
Foto von Radleigh: © Patrina Odette
Satz: FranklDesign, München
Druck und Bindearbeiten:
bookPlus International Ltd., Hong Kong
Printed in China

Inhalt

Wie Sie mit dem *Antworten der Engel-Orakel* arbeiten können 4

Die Bedeutung der Karten 15

Aktiv werden 17
Beglückende Veränderungen 19
Bitte andere um Hilfe 21
Denke noch mal darüber nach 23
Die Situation wird sich verbessern. 25
Drück dich klar aus 27
Du bist bereit 29
Erfolg! 31
Es gibt etwas Besseres 33
Es liegt ganz an dir! 35
Frage deine Engel. 37
Friedliche Lösung 39
Fülle 41
Gelegenheit 43

Genesung 45
Gib nicht auf! 47
Glaube daran 49
Heute in einem Jahr 51
Hilfreiche Personen 53
Höre auf deine Intuition. 55
In den kommenden Monaten. 57
In den kommenden Wochen 59
In naher Zukunft. 60
Informiere dich neu 61
Ja 63
Ja! 64
Kein Grund zur Sorge 66
Kompromiss 68
Lass los. 70
Liebesbeziehung 72
Meditation bringt Antworten 74
Nein 76
Nein! 77
Nicht der richtige Zeitpunkt 78

Perfektes Timing 79
Positiv bleiben 80
Schlage eine neue Richtung ein 82
Setz dich durch! 84
Suche nach einem Zeichen 86
Unwahrscheinlich 88
Verbesserte Gesundheit 90
Vergebung 92
Vertrauen 94
Warten 96

Über den Künstler 98
Über die Autoren 100

Wie Sie mit dem *Antworten der Engel-Orakel* arbeiten können

- »Wie kann ich eine einfache Ja-oder-Nein-Antwort auf meine Frage bekommen?«
- »Wie kann ich wissen, zu welchem Zeitpunkt ein Ereignis eintreten wird?«
- »Ich möchte mit meinen Engeln reden, weiß jedoch nicht, wie man mit den Orakelkarten arbeitet. Wie kann ich Antworten finden?«

Diese Art von Fragen haben wir (Doreen und Radleigh) in unseren Seminaren oft gehört. Es gibt Situationen, wo jeder nach detaillierten Antworten auf seine Fragen sucht. Doch was ist mit den Momenten, wo Sie auf die Schnelle eine einfach zu verstehende Antwort für Ihr Anliegen brauchen?

Wir haben das *Antworten der Engel-Orakel* speziell für diese Situationen entworfen. Vielleicht möchten Sie eine schnelle Karte für Unterstützung und Vertrauen ziehen. Oder vielleicht versuchen Sie, zwischen diversen Möglichkeiten die richtige zu wählen und benötigen ein glasklares Zeichen, um zu wissen, welche am besten ist. Ob es bei Ihrer Frage um eine Liebesbeziehung geht, Karriere, Gesundheit oder einfach nur eine alltägliche Entscheidung – diese Karten machen es Ihnen extrem leicht, Antworten zu erhalten!

Wie Sie Ihr **Antworten der Engel-Orakel** *benutzen können*

Orakelkarten sind eine althergebrachte Methode, um den Kontakt mit dem Himmel und Ihren Engeln herzustellen. Sie basieren auf der pythagoräischen Nummerologie, die lehrt, dass alle Zahlen und Bilder eine sehr präzise, mathematische Schwingung haben.

Es ist unmöglich, bei der Benutzung von Orakelkarten einen Fehler zu machen, da sie im Rahmen des unfehlbaren Gesetzes der Anziehung operieren.

Das bedeutet, dass Ihre Fragen (oder die Fragen der Person, der Sie das Reading geben) immer die perfekten Karten als Antworten anziehen werden. Jede gezogene Karte wird genau zu der Vibration der Frage passen.

Wie Sie Ihre Karten vorbereiten

Und so können Sie Ihr *Antworten der Engel-Orakel* vorbereiten und mit den Karten arbeiten:

1. Schritt: Klären Sie Ihr Kartendeck

Ihre Karten sind sensitiv und absorbieren Energie von jedem, der sie berührt Also müssen die Karten von jeglicher Energie geklärt werden, die sie eventuell beim Herstellungsprozess und Versand absorbiert haben. Die Schritte 1 und 2 müssen nur dann wiederholt werden, wenn ein anderer Ihre Karten berührt hat oder wenn es Ihren Readings an Klarheit mangelt, weil die Karten von zu viel Energie verstopft sind.

Um Ihr Deck zu klären, halten Sie die Karten in einer Hand und wischen mit der anderen Hand darüber. Dann fassen Sie den Gedanken, dass Sie die Karte geklärt haben wollen, und sagen ein Gebet dazu, zum Beispiel: *»Lieber Gott, ich danke dir, dass du alles aus diesen Karten entfernst, das nicht göttlicher Liebe entspringt.«* Damit beseitigen Sie die alte Energie und sorgen dafür, dass Ihre Karten bereit sind, Ihre persönliche Energie aufzunehmen.

2. Schritt: Bereiten Sie die Karten vor

Berühren Sie kurz jede einzelne Karte, um sie mit Ihrer Energie vertraut zu machen. Es reicht, wenn Sie die Karten einfach an einer Ecke berühren. Dann breiten Sie die Karten fächerartig aus, wobei die Abbildungen nach oben zeigen. Halten Sie den Kartenfächer an Ihr Herz und denken Sie an passende Gebete oder Intentionen, die Sie auf die Karten übertragen wollen.

Ihre Karten sind sensitiv für die Antworten, die Sie von ihnen erhoffen. Jetzt sind sie erfüllt von Ihrer persönlichen Vibration und Ihren Wünschen.

3. Schritt: Stellen Sie eine Frage

Denken Sie an eine Frage, auf die Sie gerne eine Antwort hätten. Wenn Sie für jemand anderen Karten ziehen, bitten Sie ihn oder sie, entweder an eine Frage zu denken oder sie auszusprechen. Der Himmel hört Ihre Gedanken, daher müssen Sie Ihre Frage nicht laut verbalisieren.

Schritt 4: Mischen Sie die Karten

Während Sie die Karten mischen, denken Sie an die Frage und bitten Sie den Himmel, Ihnen mit Antworten und Führung zu helfen. Wir sagen beim Mischen in der Regel folgendes Gebet, ähnlich wie bei Schritt 1:

»Lieber Gott, ich bitte dich dafür zu sorgen, dass nur deine reinen und vertrauenswürdigen Botschaften durch diese Karten übermittelt werden. Ich bitte, dass die

Antworten, die ich erhalte, klar und leicht zu verstehen sind. Bitte hilf mir, deine Botschaften für mich/uns klar zu sehen, zu hören, zu fühlen und zu wissen. Ich bitte darum, dass dieses Karten-Reading allen Beteiligten zum Segen gereichen möge.«

Sollten eine oder mehrere Karten beim Mischen aus dem Deck »herausspringen«, legen Sie diese zur Seite; sie werden Teil Ihres Readings sein.

Während Sie mischen, werden Sie wahrscheinlich Gedanken, Worte, Gefühle oder Visionen wahrnehmen. Diese inneren Botschaften werden Ihnen helfen, die Karten, die Sie ziehen, zu verstehen, also achten Sie genau auf alles, was Sie denken, hören, sehen und fühlen.

Vielleicht werden Sie irgendwann ein Gefühl oder ein inneres »Wissen« spüren, dass die Karten genug gemischt sind; oder vielleicht hören Sie sogar die Worte:

»Hör jetzt mit dem Mischen auf.« Diese intuitiven Botschaften helfen Ihnen bei dem Reading. Es ist unmöglich, dass Sie einen Fehler machen und zu früh mit dem Mischen aufhören, denn das Gesetz der Anziehung sorgt dafür, dass Sie immer die richtigen Karten wählen.

Schritt 5: Wählen Sie eine Karte

Wenn Sie genug gemischt haben, ziehen Sie eine beliebige Karte aus dem Deck, und sie wird stets die richtige sein. Jede Karte ist positiv, also müssen Sie keine Angst haben, die falsche zu wählen. Sie können eine Karte oben aus dem Deck ziehen, aus der Mitte oder von einer anderen Stelle, je nachdem, wie Sie sich angeleitet fühlen.

Die gezogene Karte ist die Antwort auf Ihre Frage. Wenn Sie die Worte auf der Karte lesen, achten Sie auf zusätzliche

Worte, Gedanken, Gefühle oder Visionen, die zu Ihnen kommen, da es sich auch dabei um Botschaften des Himmels für Sie handelt. Auch die Abbildung auf der Karte ist wichtig. Achten Sie darauf, wohin Ihr Blick geht, wenn Sie die Karte betrachten und wie Sie sich dabei fühlen. Alles, was Sie sehen und fühlen, ist Teil der Antwort auf Ihre Frage.

Wenn Sie eine Karte (oder mehrere) beiseite gelegt haben, die beim Mischen aus dem Deck »herausgesprungen« sind, schauen Sie auch diese genau an, denn sie hält ebenfalls eine Botschaft für Sie bereit.

Wir haben dieses *Antworten der Engel-Orakel* entworfen, um Ihnen bei Bedarf mit einer einzigen Karte die perfekte Antwort auf jede Frage zu geben, die Sie stellen. In einer Situation, wo Sie verschiedene Möglichkeiten vergleichen, würden Sie für jede Möglichkeit eine Karte ziehen. Wenn Sie nach dem Ziehen einer einzelnen Karte entscheiden, dass Sie gerne zusätzliche Informationen haben möchten, können Sie Ihre Engel um weitere Details bitten, die Karten noch einmal mischen und eine neue ziehen.

Schritt 6: Lesen Sie das Buch

Suchen Sie den Eintrag für jede Karte in dem beigefügten kleinen Handbuch. Während Sie die Worte lesen, vergessen Sie nicht, auf jegliche Gedanken oder Gefühle zu achten, die Sie vielleicht empfangen, da auch diese Teil der Antwort sind. Der Himmel wird Ihnen Antworten für jeden Aspekt Ihres Lebens geben und Ihnen bei allem helfen.

Arbeiten mit verschiedenen Kartendecks gleichzeitig

Das *Antworten der Engel-Orakel* eignet sich bestens dazu, auch mit anderen

Orakelkarten oder auf Engel basierenden Tarot-Karten zu arbeiten, um Ihnen im Bedarfsfall noch detailliertere Antworten anzubieten. Dazu nehmen Sie einfach die Schritte 3 bis 6 für jedes einzelne Deck vor. Achten Sie auf gemeinsame Themen bei den Karten, die Sie ziehen, denn sie sind die Antwort auf Ihre Frage.

Die Bedeutung der Karten

Dieses Handbuch erklärt die generelle Bedeutung für jede Karte im *Antworten der Engel-Orakel.* Sie sind alphabetisch aufgeführt, entsprechend dem ersten Wort auf der Karte

Wenn Sie bereit sind, die Bedeutung einer Karte nachzulesen, suchen Sie die entsprechende Seite und lesen die Interpretation der Karte. Ihre innere Weisheit wird Ihnen sagen, ob irgendeine dieser Informationen auf Sie zutrifft, oder sie kann zusätzliche Einsichten im Hinblick bezüglich Ihrer Situation bieten. Vergessen Sie darüber hinaus nicht, dass Ihre Intuition noch weitere individualisierte Botschaften Ihrer Engel für Sie bereithält, daher sollten Sie während des Lesens auch auf Ihre Gedanken und Gefühle achten.

AKTIV WERDEN

Die Zeit ist gekommen, um aktiv zu werden! Deine Engel warten darauf, dass du den nächsten Schritt tust, damit sie dir auf dem Weg zur Erfüllung deiner Träume helfen können. Schluss mit Verzögerung und Unsicherheit. In deinem Herzen weißt du, was zu tun ist. Fang damit an!

Egal ob es um deine Karriere, Beziehungen oder ein anderes Thema geht: Die Erfüllung deiner Wünsche wird dir nicht einfach so in den Schoß fallen! Du musst dich aktiv auf die Erfüllung dessen fokussieren, was du dir wünschst.

BEGLÜCKENDE VERÄNDERUNGEN

Wunderbare und einschneidende Veränderungen stehen dir bevor! Vielleicht wirst du einen neuen Berufsweg einschlagen, eine neue Beziehung eingehen oder in ein neues Zuhause oder eine andere Stadt umziehen. Heiße diese aufregenden

Ereignisse willkommen in dem Wissen, dass deine Engel dich auf jedem Schritt begleiten werden!

Die Situation, der deine Frage gilt, erfordert einen großen Vertrauensvorschuss von dir, was zunächst beängstigend oder unmöglich erscheinen mag. Vertraue darauf, dass die Gelegenheiten, die sich dir bieten, darauf angelegt sind, dir Glück zu bringen. Diese Möglichkeiten hätten sich nicht ergeben, wenn du nicht bereit dafür wärest. Lass deine Ängste los und folge deinem Herzen.

BITTE ANDERE UM HILFE

Es ist nicht nötig, dass du alles im Alleingang tust. Deine Engel fordern dich auf, die Menschen in deiner Umgebung um Unterstützung zu bitten. Indem du anderen erlaubst, dir behilflich zu sein, vergrößerst du deine Chance für Erfolg beträchtlich, und deine Ziele werden in erreichbare Nähe rücken. Die Hilfe, die du empfängst, wird sich unter Umständen in Form wichtiger Informationen von kompetenten, klugen Personen zeigen.

Der Stress, der aus einem Übermaß an Dingen resultiert, die erledigt werden müssen, kann sowohl physische als auch emotionale gesundheitliche Probleme zur Folge haben. Umgib dich mit liebevollen Freunden und Familienmitgliedern, die bereit und in der Lage sind, dir Arbeit abzunehmen, und du wirst dich bald viel besser fühlen!

DENKE NOCH MAL DARÜBER NACH

Es gibt eine Komponente in deinem Plan, die genauer angeschaut werden will. Nimm dir Zeit, dein Projekt oder deinen Vorschlag noch einmal gründlich zu überprüfen. Erzähle einem vertrauten Freund oder Ratgeber, der dir ein objektives

Feedback geben kann, von deinen Intentionen. Bitte deine Engel um Führung.

Dies ist nicht der Zeitpunkt, um die Veränderung vorzunehmen, die deine Gedanken beschäftigt. Ein passenderer Moment wird sich zeigen; oder du wirst erkennen, dass du dir eine andere Art von Transformation wünschst.

DIE SITUATION WIRD SICH VERBESSERN

Deine Engel möchten dir sagen, dass sie wissen, wie schwierig dir die Dinge im Moment erscheinen. Die Situation wird sich jedoch verbessern; es mag eine Weile dauern, und wahrscheinlich wirst du hart dafür arbeiten müssen. Doch deine

Bemühungen werden belohnt, und alles wird besser!

Jetzt ist nicht der Moment, verletzte Freundschaften oder dahinsiechende Beziehungen aufzugeben. Es besteht noch Hoffnung für die Zukunft. Fasse Mut und arbeite weiter auf eine Partnerschaft hin, in der beide Beteiligte erfüllt und glücklich sind.

DRÜCK DICH KLAR AUS

Diese Situation erfordert sehr präzise und gewissenhafte Kommunikation. Gehe nicht davon aus, dass andere, die an der Situation beteiligt sind, verstehen, was du von ihnen möchtest oder brauchst. Am besten ist es, wenn du persönlich und unter vier Augen mit den Betreffenden sprichst; sollte das jedoch nicht möglich sein, achte darauf, dass deine Art der Kommunikation sehr sorgfältig und klar ist.

Diese Karte weist unter Umständen auf ein Missverständnis hin, das zu einem Problem für alle an der Situation beteiligten Personen führt. Indem du jegliche Missverständnisse klärst, kannst du die Situation heilen, damit alle weitergehen und den nächsten Schritt tun können.

DU BIST BEREIT

Deine gesamten bisherigen Erfahrungen haben dich zu diesem Moment geführt. Du hast gelernt und bist in vieler Hinsicht spirituell gewachsen. Für den Moment ist alles getan. Du bist bereit, weiterzugehen und der Mensch zu sein, von dem du in deinem Herzen weißt, dass du es sein sollst.

Die Welt wartet begierig auf die Beiträge, die ihr geboten werden, wenn du deiner Lebensaufgabe folgst. Es kann sein, dass du dich in dieser Situation in erster Linie um dich selbst kümmern musst. Die Zeit ist gekommen, das zu tun, was für dich richtig ist.

ERFOLG!

Glückwunsch! Du bist auf dem besten Weg zum Erfolg. Du musst keinerlei Bedenken haben im Hinblick auf deine Situation, da sich alles auf das Schönste entwickeln wird!

Zu einem erfolgreichen Leben gehört, dass du gut auf dich achtest. Es ist wundervoll, mit so vielen Dingen gesegnet zu sein, für die du dankbar sein kannst, doch achte darauf, dass du dich nicht erschöpfst, indem du zu hart arbeitest. Nimm dir genug Zeit, um Frieden und Ruhe zu genießen.

ES GIBT ETWAS BESSERES

Der Himmel hat etwas Wundervolles für dich geplant! Es ist jedoch nicht das, was du geplant hast. Frage dich, was dir lieber wär: Exakt das, wonach du gefragt hast – oder etwas, das dich um ein Vielfaches glücklicher und erfüllter machen würde?

Zuweilen hat Gott Freude für uns auf Lager, die wir selbst uns nie hätten vorstellen können. Öffne deinen Geist und dein Herz für die Möglichkeit, dass du viel mehr verdienst als das, worum du bittest. Vertraue deinen Engeln, dich in neue und aufregende Richtungen zu führen!

ES LIEGT GANZ AN DIR!

Das Endresultat der Situation, der deine Frage gilt, liegt allein in deiner Hand! Du kannst das Ergebnis beeinflussen, indem du die Initiative ergreifst, um alle Herausforderungen zu lösen. Sei dir deiner eigenen Kraft bewusst und vertraue darauf, dass du das Zeug hast, die

Angelegenheit zu einem glücklichen Ende zu bringen!

Warte nicht darauf, dass jemand anderes kommt und die Kontrolle übernimmt. Um ein erfolgreiches Resultat zu garantieren, erfordert diese Situation deine einzigartige persönliche Sichtweise und Erfahrung.

FRAGE DEINE ENGEL

Deine Engel sind immer bei dir! Jedoch musst du sie um ihre Hilfe bitten, damit sie dir die Unterstützung geben können, die du suchst, denn der Himmel respektiert die Entscheidungen deines freien Willens. Du kannst diese Erlaubnis entweder laut aussprechen oder still in deinem Inneren formulieren. Deine Engel werden dir umgehend helfen, entsprechend dem Willen Gottes.

Darüber hinaus kann es sein, dass deine Engel spezielle Botschaften für dich haben in Bezug auf die Situation, der deine Frage gilt. Setze dich still an einen ruhigen Ort, entweder zu Hause oder in der freien Natur, und bitte um Rat und Führung. Achte auf die Botschaften, die du empfängst. Es ist möglich, dass die Antworten als Gefühle zu dir kommen oder als etwas, was du hörst oder siehst – oder vielleicht wirst du die Antwort einfach wissen! Außerdem kannst du die Engel um Zeichen im Verlauf des Tages bitten, die dich auf den richtigen Weg führen.

FRIEDLICHE LÖSUNG

Die Herausforderungen, denen deine Frage gilt, werden bald überwunden sein. Konflikte lösen sich auf und werden durch Harmonie ersetzt. Alle Beteiligten werden ein Gefühl von Frieden erfahren, auch wenn manche erklären, anderer Meinung zu sein.

Unstimmigkeiten werden in deinem Sinne gelöst. Dazu gehören auch Auseinandersetzungen mit Vorgesetzten, Rechtsstreit, Schlichtung und sogar Streitereien mit der Familie und Freunden. Bemühe dich, die Personen zu verstehen und ihnen zu vergeben, die vielleicht im Irrtum waren. Lass zu, dass Frieden einkehrt, mit Gnade und Wahrung der Integrität aller Beteiligten.

FÜLLE

Große Fülle wird in dein Leben kommen! Deine Pläne werden zu Wohlstand führen und dir ein Gefühl der Sicherheit im Hinblick auf die Zukunft geben. Deine Engel werden bei dir sein, während du die nötigen Schritte vornimmst, um deine Träume zu realisieren.

Fülle ist nicht immer finanzieller Natur. Vielleicht möchtest du neue Ideen manifestieren, einen großen Freundeskreis, mehr Gesundheit oder eine Liebesbeziehung. Diese Karte kann also einen Zustrom dieser Art von Schätzen in dein Leben signalisieren. Öffne deine Arme dem Himmel, um mit Dankbarkeit zu empfangen, was du dir ersehnst!

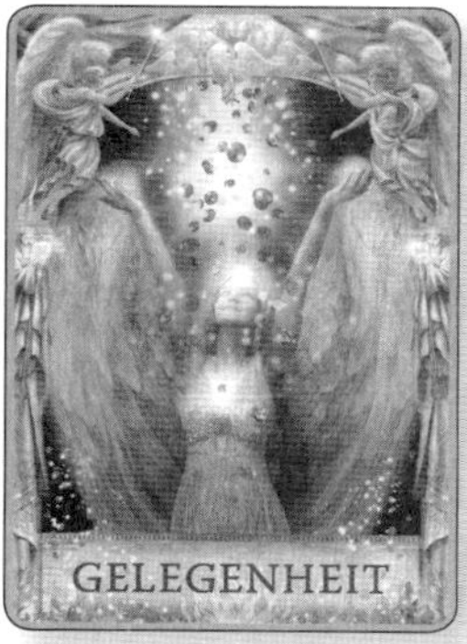

GELEGENHEIT

Es dauert nicht mehr lange, und du wirst positives Wachstum und Expansion erfahren. Diese Gelegenheit kann Inspiration und Einsichten mit sich bringen – oder sie könnte die Chance sein, auf die du gewartet hast, um endlich Ideen in die Tat umzusetzen, die dir bereits länger im Kopf herumgehen.

Vielleicht suchst du nach einer Möglichkeit, Veränderungen in deinem Beruf vorzunehmen; ein Haus zu kaufen oder zu verkaufen; oder romantische Liebe zu finden. Was immer du dir auch wünschst, deine Engel sind dabei, dir die Tür zu der perfekten Gelegenheit zu öffnen. Tritt einfach ein!

GENESUNG

Dies ist eine Zeit der Genesung und Heilung für dich. Die problematischen Emotionen, mit denen du zu tun hattest, werden allmählich verblassen. Wenn es vielleicht jetzt auch nur schwer vorstellbar scheint, so wartet dennoch eine freudige Zukunft auf dich. Doch im Moment nimm dir alle Zeit, die du brauchst, um wieder Kraft zu finden.

Diese Karte kann auch bedeuten, dass deine Genesung fast oder bereits ganz vollendet ist. Schicke Worte des Dankes an den Himmel und fange an, Pläne für die nächste aufregende Phase in deinem Leben zu schmieden!

GIB NICHT AUF!

Dies ist nicht die Zeit, um aufzugeben! Bewege dich weiterhin in Richtung deiner Wünsche, Träume oder Pläne. Du bist auf dem richtigen Weg, und solange du nicht vom Weg abkommst, wirst du sehen, dass du Fortschritte machst!

Es ist sehr wichtig, dass du dich behauptest und an dich glaubst. Lass dich nicht von anderen so entmutigen, dass du aufgibst. Nur weil sie deine Vision nicht teilen, ist das kein Grund, deinem eigenen Herzen nicht zu folgen.

GLAUBE DARAN

Was du in diesem Moment brauchst, ist Vertrauen. Du kannst das haben, was du dir wünschst, doch musst du daran glauben, dass es so sein kann! Bleibe positiv und visualisiere das Resultat, auf das du hoffst. Lass alle Negativität oder allen Pessimismus los zugunsten einer sonnigen Perspektive.

Das Gesetz der Anziehung bringt uns das, was wir zu bekommen erwarten. Wenn wir davon ausgehen, wunderbare Dinge zu verdienen, dann werden wir Glück anziehen. Verstricken wir uns jedoch in Zweifel und verlieren den Glauben an unseren eigenen Selbstwert, dann wird unsere Erfahrung genau diese Energie widerspiegeln.

Glaube an dich und deine langgehegten Träume!

HEUTE IN EINEM JAHR

Das Ereignis, dem deine Frage gilt, wird im Laufe dieses Jahres eintreten oder kurz danach. Du wirst aufgefordert, während dieser Zeit optimistisch zu bleiben, dich weiterhin gut um dich selbst zu kümmern und mit den Vorbereitungen für die

Erfüllung deines Wunsches fortzufahren. Vergiss nicht, dass die freien Willensentscheidungen anderer Personen involviert sind. Deine Engel sind gegenwärtig hinter den Kulissen in deinem Namen tätig, selbst wenn du den Beweis für die Beantwortung deiner Gebete nicht sofort sehen kannst.

HILFREICHE PERSONEN

Diese Karte weist darauf hin, dass es an der Zeit ist, deinen Freundeskreis zu erweitern. Oder vielleicht stellst du fest, dass verstärktes professionelles Networking angesagt ist. Nimm dir die Zeit, die privaten oder beruflichen Beziehungen herzustellen, die nötig sind, um glücklich und erfolgreich zu sein!

Diese Karte kann darüber hinaus anzeigen, dass deine Situation die Meinung anderer Menschen erfordert, die dir helfen können, die vor dir liegende Aufgabe zu erledigen. Das können zum Beispiel Personen sein, die in Bereichen tätig sind, die mit deiner Frage zu tun haben, oder mit Menschen, die für dich oder mit dir arbeiten. Oder es könnten Personen in deinem persönlichen Umfeld sein, von deren Erfahrungen du profitieren kannst. Diese Karte lässt dich wissen, dass bald jemand in dein Leben treten wird, der dir helfen kann, deine Träume zu verwirklichen.

HÖRE AUF DEINE INTUITION

Deine Intuition ist im Moment hundertprozentig zuverlässig und akkurat. Höre auf deine innere Führung, und du kannst nichts falsch machen. Du darfst sicher sein, dass die Botschaften, die du von deinen Engeln empfängst, wahr und vertrauenswürdig sind.

Vertraue deinen Gefühlen bezüglich der Umstände, in denen du dich momentan befindest. Deine Einsichten, wenn es um andere Menschen und ihre wahren Gefühle oder Motive geht, sind absolut zutreffend. Es gibt keinen Grund, Dinge in Frage zu stellen, von denen du weißt, dass sie wahr sind!

IN DEN KOMMENDEN MONATEN

In den kommenden Monaten wird das, worum du bittest, eintreten. Göttliches Timing bedeutet, dass in dieser Angelegenheit auch die freiwilligen Entscheidungen anderer Menschen eine Rolle spielen; daher vertraue weiterhin dem erwünschten Resultat, während die einzelnen Teile des Puzzles allmählich ein Ganzes ergeben und die Situation sich aufs Schönste entwickelt.

IN DEN KOMMENDEN WOCHEN

Die Situation, der deine Frage gilt, wird in diesem Monat oder kurz danach Realität. Deine Geduld wird belohnt!

IN NAHER ZUKUNFT

Die Situation, der deine Frage gilt, wird in Kürze eintreten, was bedeutet, dass das Warten bald vorbei ist. Behalte deinen Optimismus und folge deinem jetzigen Weg. Sei bereit und offen, Gutes zu empfangen.

INFORMIERE DICH NEU

Die Situation, der deine Frage gilt, erfordert zusätzliche Informationen, damit du eine kluge Entscheidung treffen kannst. Wende dich an Menschen, die mit diesem Thema vertraut sind, und hole ihren Rat ein. Wenn es in deiner Familie oder deinem Freundeskreis Personen gibt, die sich mit dieser Materie auskennen, bitte sie um ihre Meinung.

Unter Umständen musst du ein paar analytische Recherchen betreiben, um die erforderlichen Fakten zu erhalten. Dazu könnte gehören, bestimmte Bücher zu lesen, Klassen oder Seminare zu belegen oder Informationen aus dem Internet zu sammeln.

JA

Die Antwort auf deine Frage lautet Ja. Wenn du eine detailliertere Antwort auf dein Ersuchen haben willst, kannst du weitere Fragen stellen und zusätzliche Karten ziehen.

JA!

Bravo! Die Entscheidung, die du getroffen hast, ist die richtige. Es ist nicht nötig, sich nach weiteren Optionen umzuschauen. Du weißt, was du tust, und du solltest deine Pläne vorantreiben!

Du hast die richtige Wahl für deine Entwicklung und dein persönliches

Wachstum getroffen, wenn sich auch manche Entscheidungen als echte Herausforderung erweisen können. Falls die vor dir liegende Aufgabe entmutigend oder sogar trauriger Natur ist, solltest du mit deinen Plänen auf eine Weise vorwärtsgehen, die lebensbejahend ist und von Selbstliebe zeugt. Bitte deine Engel, auf jedem Schritt deines Weges an deiner Seite zu sein, und zögere nicht, Freunde und Familie um Unterstützung zu bitten.

KEIN GRUND ZUR SORGE

Deine Sorgen und Ängste im Zusammenhang mit deiner Frage sind unnötig. Gott und deine Engel haben die Situation voll im Griff, und alles wird sich perfekt entwickeln!

Es bringt gar nichts, dich mit diesem Thema abzuquälen. Die Energie von Angst und Sorgen verzögert lediglich die Manifestation dessen, was du dir wünschst. Visualisiere liebevolle und freudige Resultate und halte deine Gedanken positiv.

Sehr bald schon wirst du dich fragen, warum du dir überhaupt jemals Sorgen über dieses Thema gemacht hast!

KOMPROMISS

Um diese Situation zu einem glücklichen Ende zu bringen, wirst du einen Kompromiss eingehen müssen. Gib dir selbst genug Zeit, um dir darüber klar zu werden, was dir wirklich wichtig ist. Achte darüber hinaus auf Aspekte, bei denen du eventuell bereit bist, deine Position zu überdenken.

Arbeite auf eine Vereinbarung hin, die für alle Beteiligten segensreich ist.

Sei offen für Kooperation, die dir erlauben würde, das zu bekommen, was du brauchst, und dabei anderen zu helfen, ihre Wünsche zu manifestieren. Sei objektiv, wenn es darum geht, eine Balance zu finden zwischen dem Respekt für die Sichtweise eines anderen und gleichzeitig deiner eigenen treu zu bleiben.

LASS LOS

Die Zeit ist gekommen, diese Situation loszulassen. Fokussiere dich nicht länger darauf, wie oder wann sie gelöst sein wird, oder warum sie überhaupt eingetreten ist. Beziehungen, die ungesund oder unbefriedigend sind, sollten losgelassen werden, um zu erlauben, dass etwas Besseres in dein Leben kommen kann. Sorge dich nicht – Gott und seine Engel haben alles unter Kontrolle.

Ein Schlüsselelement bei der Manifestierung deiner Wünsche besteht darin, um das zu bitten, was du dir wünschst, und das Ganze dann dem Himmel zu übergeben. Wenn du diese Karte gezogen hast, könnte dies ein Zeichen sein, dass du zu sehr an der Vorstellung festhältst, wie sich deine Träume entwickeln werden. Wünsch dir was, und dann überlass den Rest deinen Engeln!

LIEBESBEZIEHUNG

Eine sehr wichtige Beziehung steht dir entweder bevor oder hat bereits vor Kurzem begonnen. Dies ist die Liebesbeziehung, auf die du gewartet hast! Wie alle Partnerschaften, so kann es auch hier Höhen und Tiefen geben, doch lass dich davon nicht abschrecken oder dein

Vertrauen erschüttern. Glaube daran, dass Liebe in dein Leben kommt, um zu bleiben!

Falls deine Frage mit einer gegenwärtigen Beziehung zu tun hat, kannst du davon ausgehen, dass die beiden Beteiligten einander näherkommen werden. Vergangene Missverständnisse lösen sich auf, und das gegenseitige Vertrauen wächst.

Diese Karte weist auf eine positive Entwicklung hin zu einer neuen Ebene von Hingabe und Intimität. Darüber hinaus kann sie ein Zeichen sein für eine Verlobung, eine Hochzeit oder ein erneuertes Gelöbnis zueinander.

MEDITATION BRINGT ANTWORTEN

Der Versuch, eine intellektuelle Lösung für deine Sorgen zu finden, hat sich als erfolglos erwiesen. Der Grund dafür ist, dass die von dir angestrebte Lösung nur gefunden werden kann, wenn du nach innen schaust, mit Hilfe von Meditation oder innerer spiritueller Arbeit.

Darüber hinaus kannst du Einsichten und Erkenntnisse aus deinen nächtlichen Träumen gewinnen, da dein Unterbewusstsein Lösungen für dich findet, die deinem bewussten Verstand nicht zugänglich sind.

NEIN

Die Antwort auf deine Frage ist Nein. Du kannst zusätzliche Informationen gewinnen, wenn du eine andere Frage stellst, die mit diesem Thema zu tun hat, und eine neue Karte ziehst.

NEIN!

Die Antwort auf deine Frage ist ein definitives Nein! Du musst dir jedoch keine Sorgen machen, da du im Laufe der Zeit erkennen wirst, warum dies die perfekte Antwort war.

NICHT DER RICHTIGE ZEITPUNKT

Dies ist nicht der richtige Zeitpunkt für die Angelegenheit, der deine Frage gilt. Die Antwort ist kein »Nein«, nur ein »noch nicht«. Übe dich in Geduld. Deine Engel werden dir ein Zeichen geben, sobald das Timing perfekt ist.

PERFEKTES TIMING

Dies ist das perfekte Timing für die Situation, der deine Frage gilt. Gehe vertrauensvoll voran! Zögere nicht und nutze die Stunde, da dir gegenwärtig eine besondere Energie zur Verfügung steht. Die Bedingungen sind perfekt. Selbst wenn du das Gefühl hast, nicht ausreichend vorbereitet zu sein, sei versichert, dass du es bist!

POSITIV BLEIBEN

Die Engel bitten dich, eine optimistische Herangehensweise beizubehalten! Es entwickelt sich gerade eine sehr positive Kraft im Hinblick auf die Realisierung deiner Wünsche. Du kommst schneller an dein ersehntes Ziel, wenn du eine fröhliche und vertrauensvolle Haltung beibehältst.

Es mag den Anschein haben, als würden deine Pläne sehr lange brauchen, um sich zu manifestieren, doch sehr bald schon wirst du eine Veränderung bemerken. Erlaube dir nicht, die Hoffnung zu verlieren, während deine Träume so nahe daran sind, wahr zu werden.

SCHLAGE EINE NEUE RICHTUNG EIN

Jetzt ist der Zeitpunkt gekommen, deinem Leben eine neue Richtung zu geben. Die Umstände, in denen du dich gegenwärtig befindest, schenken dir vielleicht keine Erfüllung, oder sie machen dein Herz schwer. Du weißt, dass es draußen in der Welt etwas anderes für dich gibt, doch bisher hast du gezögert, der Führung deiner Engel zu folgen.

Triff die bewusste Entscheidung, der Mensch zu sein, der du sein sollst. Entwickle einen Aktionsplan, der dich in Richtung deiner göttlichen Lebensaufgabe führt. Beginne umgehend damit, dich auf den Weg zu machen in eine glücklichere Zukunft!

SETZ DICH DURCH!

Diese Situation fordert dich auf, die Dinge in die eigenen Hände zu nehmen! Du musst dir über deine persönlichen Gefühle klar werden und dann mutig und voller Selbstvertrauen an die Erfüllung deiner Wünsche gehen. Bitte um das, was du brauchst, ohne deine Bitte abzuschwächen in dem Bestreben, andere zufriedenzustellen.

Vergiss nicht, dass der Wunsch, deine eigenen Bedürfnisse zu erfüllen, nichts ist, wofür du dich entschuldigen musst! Ziehe gesunde Grenzen im Umgang mit anderen, um ein sicheres und faires Umfeld zu schaffen. Handele so, dass andere dir den Respekt zollen, den du verdienst, und gehe deinen Weg unbeirrt weiter!

SUCHE NACH EINEM ZEICHEN

Deine Engel haben eine sehr spezielle und spezifische Antwort auf deine Frage. Du kannst davon ausgehen, sofort Zeichen zu sehen, die eine tiefe Bedeutung für dich haben. Viele Menschen sehen weiße Federn, die anzeigen, dass ihre Engel bei ihnen sind. Oder ihnen steigen plötzlich Gerüche aus ihrer Kindheit in die Nase, die sie mit einem Familienmitglied in Verbindung bringen.

Zeichen erfordern fokussierte Aufmerksamkeit, also mache dir bewusst, dass diese Möglichkeit existiert. Achte darauf, in dieser Zeit synchronistische Ereignisse nicht als »Zufälle« abzutun. Vielmehr sind sie eine Botschaft, die auf dich persönlich abgestimmt ist!

UNWAHRSCHEINLICH

Die Situation, der deine Frage gilt, wird wahrscheinlich nicht in der Form eintreten, wie du es dir vorstellst. Es kann sein, dass sich eine andere Version der Ereignisse ergeben wird. Möglich ist aber auch, dass das, um was du gebeten hast, einfach nicht in deinem eigenen besten und höchsten Interesse ist.

Richte deinen Fokus auf eine ganz neue Möglichkeit. Sei offen für eine andere Entwicklung, als du sie dir vorgestellt hast. Sei bereit, ein einzigartiges und erhebenderes Resultat zu erleben als das, was du dir als optimal vorgestellt hast!

VERBESSERTE GESUNDHEIT

Die Engel möchten dich wissen lassen, dass sich die Gesundheit des Menschen, dem deine Frage gilt, verbessern wird. Du kannst Erzengel Raphael um seine Hilfe bitten und deine Schutzengel ersuchen, die Genesung schneller voranzutreiben.

Darüber hinaus kann diese Karte dich dringend auffordern, gesündere Entscheidungen in deinem Leben zu treffen. Wenn du das Gefühl hast, dich von schädlichen Nahrungsmitteln oder Substanzen entgiften zu wollen, solltest du dieser Führung folgen.

Das Ablegen ungesunder Gewohnheiten wird dafür sorgen, dass du dich strahlend lebendig und voller Kraft fühlst!

VERGEBUNG

Vergebung kann Wunder wirken. Wenn du die Vergangenheit loslässt, wird dir ein Gewicht von den Schultern genommen, und ein Gefühl von Freiheit durchströmt dich. Bitte deine Engel, dir zu helfen, die Traurigkeit oder den Schmerz loszulassen, den andere verursacht haben, damit du frei sein kannst!

Diese Karte kann darüber hinaus auf ein Bedürfnis nach Selbstvergebung hinweisen. Es ist Zeit, jegliche Schuldgefühle aufgrund von Fehlern in der Vergangenheit, die du vielleicht gemacht hast, loszulassen. Halte dir selbst den Versuch zugute, dein Bestes getan zu haben, selbst wenn die Resultate nicht das waren, was du dir erhofft hattest. Fokussiere dich auf die Veränderungen, die du seither vorgenommen hast und die dich zu einem besseren Menschen gemacht haben.

VERTRAUEN

Jetzt ist der Zeitpunkt gekommen, zu vertrauen. Manchmal kann eine Frage weder mit Ja noch mit Nein beantwortet werden. Es gibt Situationen, bei denen es besser für uns ist, nicht zu wissen, was kommt, damit das Wunder sich direkt vor unseren Augen entfalten kann.

Wie Kinder, die ein Geschenk aufmachen, finden wir einen Teil der Magie unseres Lebens in der Freude, die eine Überraschung uns bereitet! Vertraue darauf, dass deine Engel etwas Wunderbares für dich auf Lager haben, selbst wenn sie dir noch nicht genau sagen können, was es ist.

WARTEN

Deine Situation wird ein wenig Geduld erfordern. Deine Engel sagen nicht »Nein«, sondern sie sagen »noch nicht«. Zuweilen braucht der Himmel ein wenig mehr Zeit, um dafür zu sorgen, dass alle Teile des Puzzles an die richtige Stelle fallen.

Das, worum du bittest, hat unter Umständen einen Einfluss auf das Leben anderer Personen. In einem solchen Falle kann es zusätzlicher Vorbereitungen bedürfen, um dafür zu sorgen, dass die Bedürfnisse eines jeden berücksichtigt werden. Übe dich in Geduld, damit alle, die an dieser Situation beteiligt sind, die Erfahrung machen können, die für sie vorgesehen ist.

ÜBER DEN KÜNSTLER

Viele Abbildungen im Antworten der Engel-Orakel sind als Drucke lieferbar. Es gib sie in verschiedenen Größen, ohne die Umrandung oder die Worte auf den Karten. Um einen Druck zu kaufen, gehen Sie bitte auf die Website des Künstlers. Weder Allegria; Doreen Virtue, LLC; Magical Things, Inc.; noch Doreen Virtue oder Radleigh Valentine übernehmen die Verantwortung für Verkäufe zwischen Ihnen und dem jeweiligen Künstler.

Marius Michael-George ist ein klassisch ausgebildeter visionärer Maler und Kunstlehrer, spezialisiert auf Sacred Art. Geboren in Bukarest, Rumänien, teilt er seine Arbeitszeit gegenwärtig zwischen einem Atelier in Paradise Valley, Montana, und einer Kunstgalerie in Mount Shasta, Kalifornien, auf.

Indem er das Unsichtbare mit den »Augen der Seele« erfasst, schafft Marius Bilder, die zu Portalen in andere Dimensionen werden und den Betrachter einladen, an einer spirituellen Erfahrung teilzunehmen. Engel, Feen, Heilige und aufgestiegene Meister scheinen sich in seinem Studio zu Hause zu fühlen, und sowohl in ätherischer als auch physischer Form sind sie die Protagonisten seiner Kompositionen.

Marius hat bei Frank Meiser, einem Meister der klassischen Malerei, in der Art Students League in New York City gelernt, gefolgt von einer Ausbildung im System des klassischen Realismus im Atelier LeSueur sowie Atelier Lack in Minneapolis. Seine Original-Öl- und Wandgemälde befinden sich in öffentlichen und privaten Kunstsammlungen in Nord- und Südamerika sowie Europa. Seine gesamten Werke sind als Drucke und Karten international erhältlich.

www.mariusfineart.com

ÜBER DIE AUTOREN

Doreen Virtue schloss ihr Studium an der Chapman University mit zwei Abschlüssen in beratender Psychologie ab. Sie ist häufiger Gast im amerikanischen Fernsehen und Radio, wo sie als »Angel Lady« bekannt ist.

Für weitere Informationen über Doreens Seminare, Bücher, Orakelkarten, Audio-Programme, Podcasts und wöchentliche Live Radio-Shows besuchen Sie bitte ihre Website:

www.AngelTherapy.com

ANGEL THERAPY®

Radleigh Valentine ist international als öffentlicher Redner, Autor, Spirituell Intuitiver und Radiomoderator bekannt. Nachdem er der Unternehmenswelt den Rücken gekehrt hatte, wurde er weithin als Koautor (mit Doreen) des Bestsellers *Das Engel-Tarot* bekannt. Radleigh und Doreen sind überdies Koautoren von *Das Erzengel-Tarot* und *Das Schutzengel-Tarot.*

Radleighs Radioshow und Seminare sind erfüllt von Lachen und Lernen. Er besitzt die Fähigkeit, komplizierte Konzepte mit einem humorvollen und charmanten Optimismus zu vermitteln, der Sie mit Sicherheit zu der Erkenntnis führen wird, dass das »Leben magisch ist.«

Für weitere Informationen besuchen Sie bitte seine Website:

www.RadleighValentine.com